Images
of the Mind 画说心理

# 打工人

Clock
In

# 已上线

## 职场心理学

亓毛毛 江湖边 胡杨
著绘

Psychology
of the Workplace

化学工业出版社
·北京·

**图书在版编目（CIP）数据**

打工人已上线 ：职场心理学 / 亓毛毛，江湖边，胡杨 著绘. -- 北京 ：化学工业出版社，2025. 11.
（画说心理）. -- ISBN 978-7-122-48897-8

I. C913. 2-49

中国国家版本馆CIP数据核字第2025X52K98号

责任编辑：王　越　赵玉欣　　装帧设计：尹琳琳
责任校对：李雨晴

出版发行：化学工业出版社
（北京市东城区青年湖南街13号　邮政编码100011）
印　　装：北京新华印刷有限公司
880mm×1230mm　1/32　印张$3^3/_4$　字数74千字
2026年2月北京第1版第1次印刷

购书咨询：010-64518888　　售后服务：010-64518899
网　　址：http://www.cip.com.cn
凡购买本书，如有缺损质量问题，本社销售中心负责调换。

定　　价：29.80元

# 主创

漫画文案：

漫画绘制：

# 创作团队

心理学漫画作者，插画师，
曾制作出版心理学漫画书
《猫和狗的生活哲学》
《这一次，让我紧紧抱住你》。

独立撰稿人，
心理学编辑。

独立执业心理咨询师，
北京师范大学临床与咨询心理学硕士，
曾任某三甲精神科医院进修心理治疗师，
心理科普创作者。

自由撰稿人，
住在海边的“I人”。

自由撰稿人，
北京师范大学心理学部在读。

# 前言

对我而言，心理学是一门很令人着迷的学科，它给我的生活带来了很多切实且巨大的帮助：

- 从害怕当众演讲，到即使一边哭一边说也想试着与大家交流；
- 从情感隔离，到开始慢慢学会观察自己的身体表达与内心感受；
- 从无节制地情绪性消费，到想真正爱自己、努力为自己计划幸福的生活；
- 从与母亲整日崩溃地大吵，到愿意迈出一小步，多理解对方一点点；
- 从被职场折磨深感痛苦，到看清事情本质不再总怪自己；
- ……

心理学没有使我变得完美，但它使我变得愿意欣赏不完美的自己！同时，我变得内心更有韧性、变得更舒服、更愿意往前一点去了解更大的世界。

所以我总是迫不及待地希望它能被更多人知道。希望它同样能给我的朋友、伴侣、亲人带去些生活的慰藉，增加一个了解自己的方式。

我不间断地以漫画形式表达心理学的思维、观点、知识已有八个年头了，漫画这种承载形式让我欣喜若狂，因为它可以让文字变得生动易读，让可阅读人群变得更广泛，让心理学这门对生活有直接帮助的学科更容易被理解与接受。

所以当与温柔的编辑老师一拍即合，确定下来我们要一起做这套涵盖生活多方面主题的心理学漫画书时，我简直开心到想狂奔！

这套书中的主人公们正如生活中的我们，在不同场景下有着各种各样不同的小烦恼。也许你会在其中看到自己的影子，或者身边人的影子。如果你有类似的烦恼，并可以从这套书中收获一些启发，那真是太棒了！

不过我们也想再提醒一下：心理学可以作为理解自己和他人的工具，但我们不应据此标签化自己或他人。

下面我来向你介绍一下这套心理学漫画吧！我们通过区分生活中的不同场景，把它分为了七个不同主题。不分先后顺序，每个主题讲述10个左右生活中常见的话题。你可以选择全部阅读，也可以选择感兴趣的场景或话题单独阅读：

- 《打工人已上线：职场心理学》包含不想上班、拖延、“躺平”、心理弹性、“工具人”、渴望退休、“空心病”、愚蠢而不自知的人、中年危机、有效休息等话题；
- 《圈子中的你我他：社交心理学》包含道歉与原谅、玩手机停不下来、内向性格、边界感、朋友间的占有欲、“搭子”文化、深度支持、“拉黑”、关系质量等话题；

- 《是心动呀：亲密关系心理学》包含完美爱情、依恋模式、财务健康、情感操纵、嫉妒、“自杀式”单身、救世主情结等话题；
- 《你是什么颜色的：人格心理学》包含社交恐惧、过度依赖、自恋、完美主义、高敏感、讨好、冒名顶替综合征、表演型人格、暗黑人格、MBTI等话题；
- 《局部有雨，多云转晴：情绪心理学》包含被动攻击、非暴力沟通、情感冷漠、情绪颗粒度、抑郁、悲伤、羞耻感等话题；
- 《快乐多少钱一斤：琐事与幸福心理学》包含与宠物相处、金钱观念、匮乏感、怀念过去、偶像“塌房”、主动熬夜、囤积、重新养育自己等话题；
- 《你的心事，心理学听得懂》关于心理学和心理咨询两大领域的概貌，包含原生家庭、心理学标签化、如何寻得合适的心理咨询师等话题。

你可以在这套漫画书中了解到：日常生活中的很多现象为什么会发生？我的朋友为什么会那样做？人和人的选择为什么差距那么大？他怎么了？我怎么了？当你希望获得心理帮助时，需要注意什么、避免什么？面对xx问题我可以怎么做？……

心理学虽不是万能的，但心理学的思维可以给生活带来很大帮助。

希望你阅读旅途愉快！生活旅途顺利！人生旅途尽兴！

**心理学漫画师：亓毛毛**

# 目录

# 不想上班，是我的错吗？

那种疲惫，似乎不仅是“卷”不动了，而是再也不想努力了……我职业倦怠了吗？

## • 什么是职业倦怠？

职业倦怠，又称“职业过劳”。据世界卫生组织公布的《国际疾病分类第十一次修订本（ICD-11）》，它意味着由于长期工作压力未得到成功管理，而引起的一系列症状。

职业倦怠主要有以下表现：

**（1）疲惫、耗竭、精疲力竭。**

**（2）对工作感到精神疏离。**

（3）因工作而感到愤世嫉俗。

（4）工作效率低下，缺少成就感。

（5）很难对工作产生热情，长期缺少动力。

（6）认为自己只是一个工作机器，疏远自我，忽视自己的需求。

（7）通常还伴随着一些身心症状。比如：感觉无法控制自己的情绪，出现无意识的过激反应，经常生小病（如感冒），经常头痛、躯体疼痛或有胃肠道问题。

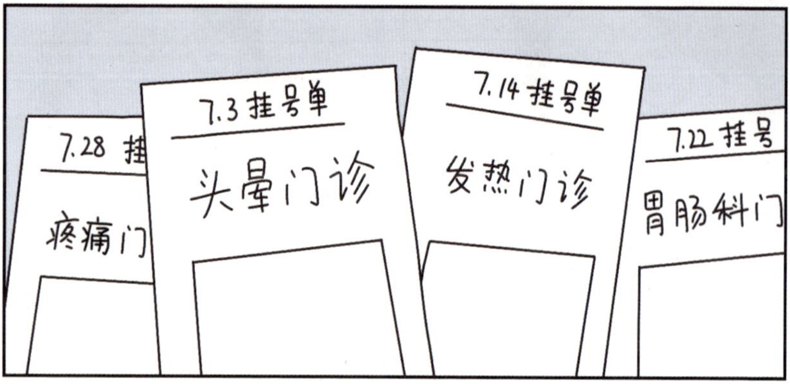


与“暂时累了”不同，
职业倦怠是情绪、身体和心理的全面枯竭。
这种疲惫感无法通过夜晚、周末的休息或者休假得到缓解。

虽然职业倦怠并不是一种疾病，但有研究者认为，倦怠是抑郁症的一种潜在状态，如果长期得不到干预，将有可能发展成抑郁症。

# 为什么会产生职业倦怠？

## 1 具有某些特质的人更容易产生职业倦怠

比如：完美主义、悲观、冒名顶替综合征、控制欲过强……

在职业倦怠的发展初期，人们可能会对工作有很大热情，甚至过度投入，主动希望完成更多的工作。

但他们就像绷紧的弹簧，当工作和生活的平衡被打破后，他们的内心逐渐“崩坏”并失去了弹性——其他事情在工作面前都变得不再重要，休息不再重要、他人不再重要，直到自我和工作也变得不再重要了。

## 2 工作价值和心理需求长期不匹配

工作作为大多数人生活中很重要的一部分，其价值不仅在于满足物质需求，同时也要满足我们内心世界的需求。当工作内容无法满足需求或超出需求导致过载时，就会产生各种压力，从而导致倦怠。

工作中，两种比较典型的需求是：权力需求和归属需求。

权力需求指我们希望在工作中感到强大和自信。

遭遇以下情境可能会导致权力需求无法得到满足：

- 无法承受工作负担或工作要求过于苛刻；
- 在工作中遭到不平等对待；
- 工作职责不清，要处理许多处在责任灰色地带的工作；
- 面临巨大的截止日期压力；
- 对工作和生活失去控制；
- 工作过于无聊和枯燥或过于混乱和高压。

归属需求是对积极人际关系的需求，我们希望被信任，在工作中获得人际温暖和归属感。

遭遇以下情境可能会导致归属需求无法得到满足：

- 与领导缺少交流，无法得到有效支持；
- 工作不被认可或无法得到应得的嘉奖；
- 承担过多职责却很少寻求帮助；
- 工作中缺少支持性的、有意义的同事关系或上下级关系。

从本质上来说，内卷、毒性竞争、精神操控式管理、形式主义或办公室政治，都加剧了工作和心理需求的不匹配。

当这种不匹配长期持续时，人们就会产生工作倦怠。

## ● 如何应对职业倦怠？

应对职业倦怠的核心方法是：
有意识地维持工作和生活的平衡。短期可打破，长期不退让。

职业倦怠的表现一开始可能是微小的：一次没能按时完成任务、一次压力下的崩溃、一次和同事沟通不畅……但如果不对这些事件加以注意，就有可能让表现加重。

你可以尝试为自己做这些事来维持平衡、对抗倦怠：

### 1 保证充足的睡眠和休息

睡眠对心理和生理健康非常重要，缺少睡眠会让人更容易感到压力和焦虑。

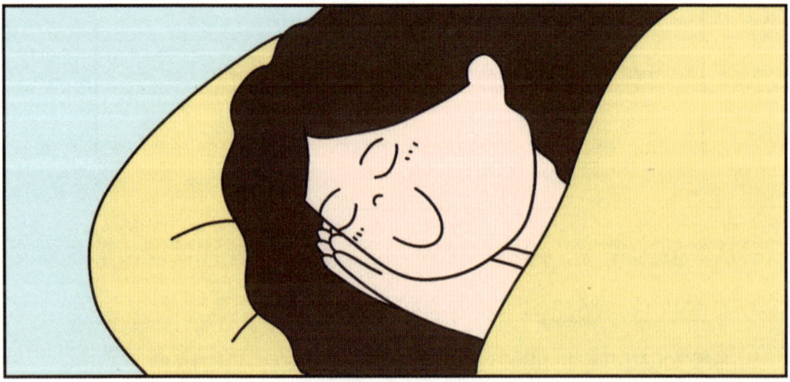

## 2 学习一项放松活动

比如写写画画、瑜伽、冥想或者打太极拳，在不损害健康的前提下，可以尝试各种能缓解压力和紧张的活动。

## 3 保持自我觉察

关注自己的内在状态，对身心变化保持敏感，了解自我可以让你更好地应对生活和工作。

## 4 改变自己对工作的看法

换一份新工作可能很难，但换个角度看待自己的工作相对容易。重新评估工作的价值，调整分配给工作的时间和精力，为工作设立边界。比如：在不重要的事上适当“糊弄”，在工作间隙允许自己“摸鱼”一会儿。

## 5 积极社交、寻求帮助

和同事、朋友、家人交流都有助于应对压力和调整状态，与领导讨论自己在工作中遇到的问题，在必要时参与员工帮助计划（EAP）或者向心理咨询师求助。

## 6 寻找“第二职业”或“第二身份”

将曾经的爱好捡起来，或尝试培养新爱好，绘画、烘焙、徒步或者弹奏某件乐器……不一定通过它们赚钱，但可以用它们来丰富自我。

### 心理锦囊

“卷”不动是小问题，

把自己“卷”坏了才是大问题。

工作的终极目标，

是为了更好地生活，而非相反。

你值得掌握这门平衡的艺术。

# 一时拖延一时爽……

大事小事都拖拖拉拉，执行力超级差的我。

这次，是真的不想再拖延了。

## • 拖延是一种情绪问题的外在表达

很多时候，“拖延”所反映的并不是行为问题，
而是情绪需求未被满足。

如果拖延背后的情绪没有被看到，只是一味勒令拖延者快行动，就如同告诉一个抑郁症病人“想开点”一样无效。

我们通过拖延来回避无法应对的情绪冲突。

这些冲突可能是：

## 1 完美主义心态下的预期失败

担心自己犯错，没法做到完美，因此在开始行动前花大量时间和精力去想象可能出现的问题，而不是关注如何推进任务本身。

## 2 害怕“自我”的全面溃败

将某项任务的成败与个人的自尊心、价值感深度绑定，害怕一旦任务完成得不好，自己作为某个角色就丧失了存在的价值。这是深层次的意义感危机和对不被爱的恐惧。

## 3 有一种自毁冲动，难以让自己成功

为自己设定“失败的自我预言”；有时还试图忽略或者否认任务，拒绝与之产生任何关联，假装它并不存在：这可能是在无意识地妨碍自己成功——“反正你总是会失败的，因为你一直都很愚蠢、迟钝、不善言辞、不够优秀。”

## 4 追求控制感，讨厌没有自主性的工作

面对一项自己不愿意做，却不得不做的任务，拖延可以带来控制感。哪怕是拖到最后一刻才完成，也可以带来一些自主的错觉。它代表了心中未被看见的抗议、不满和攻击性。

# • 克服拖延的 10 个方法

## 1 看见拖延背后的情绪需求

当面对会让自己产生负面情绪的任务时，我们以为自己的“问题”是拖延。但实际上，拖延可能是情绪的指示灯，它在邀请你进行关于自我需求的确认。

## 2 对自己宽容一点

苛责、否定，并不会让我们战胜拖延。有研究发现，对拖延的自己抱有同情之心，反而可以提升自我价值感和行动力。原谅自己的拖延行为，不仅可能让我们在下一次任务中更少出现拖延行为，还可以帮助我们更好地接纳负面情绪。

## 3 设定一个“不完美”的目标

完美主义是拖延者的绊脚石。过于完美的目标，可能会让我们的每一步都变得非常沉重。

请大胆建立自己的游戏规则。试着对自己说：“今天我要写一篇60分的报告，主要是为了‘糊弄’老板，所以写出来就算成功。”

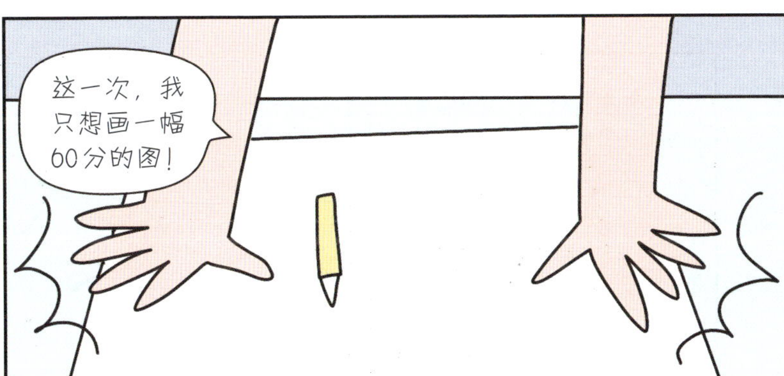

## 4 分解任务，逐个击破

如果一项工作太过宏大，尝试将任务拆分成一个个小目标，就能让成功的场景更具象。

## 5 瞄准“最小单元的行动”

情绪会影响行为，但行为也能反过来影响情绪。

先问问自己“目前能完成的最小的一步是什么？”然后就只做5分钟试试。

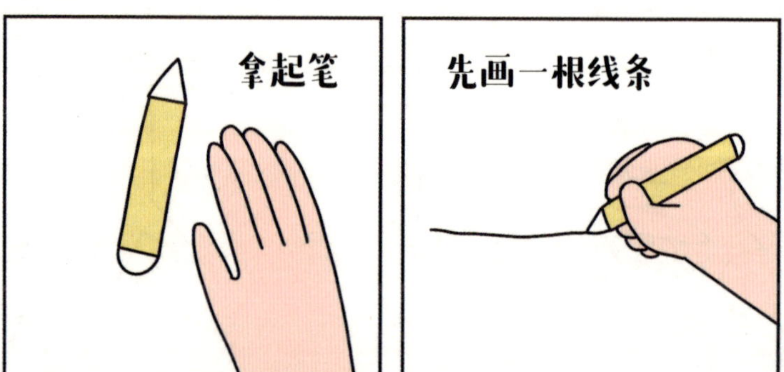

一旦进入状态，你可能会发现任务并不像想象中那么困难或无趣，之前的担忧也并没有发生。于是趁大脑不注意，你就已经把拖了两周的事情做完了。

## 6 消除干扰，只做最重要的事

如果你有许多事要处理，请选择最重要的一件。为它安排时间，只将精力花在它身上。

尽量避免出现“我不想完成这件最重要的工作，所以我优先去刷马桶”这种情况。

## 7 记得给自己一点奖励

就像在游戏中打怪升级一样，每完成任务的10%，都可以为克服拖延的自己提供奖励。也许是奶茶或零食，也许是一直想要尝试的潜水课，也许只是在身边喷两下喜欢的香水来营造舒适的氛围……

不过，在选择奖励时，要避免那些容易夺走注意力、消耗意志力的奖励（比如刷手机、看剧、玩游戏），尽量选择有明确终止信号的奖励（比如跳一个小时舞、点一顿好吃的外卖）。

## 8 找一个可靠的伙伴

邀请一位值得信任的“搭子”互相监督，互相帮助。违背对自己的承诺总是很容易，但打破对他人的承诺可能会让人感觉非常糟糕。

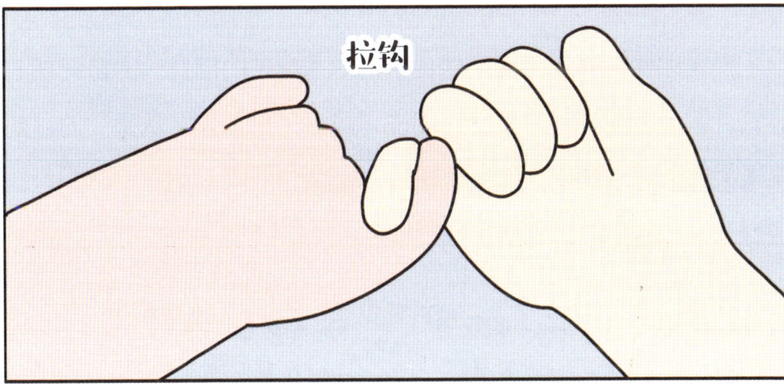


## 9 发掘任务的个人价值

如果你觉得任务无趣、痛苦、没有意义，可以尝试从个人的角度为它赋予意义，也许是它让自己过得更好，也许是它为自己提供了新体验。给自己一个理由，总是能让你更好地开始工作，避免拖延。

## 10 想象一个未来版本的自己

想象你就是那个已经完成任务的、理想中的自我，为自己加油打气。你不需要花费大量的时间去“成为”他，你“就是”他。如果未来的你可以做到，那么现在的你也能。

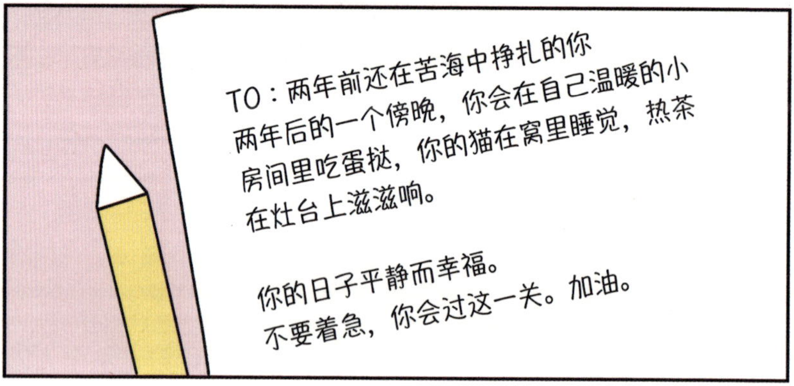


### 心理锦囊

拖延是对负面情绪的回避，

也是一种由自我施加的伤害。

能够让你战胜拖延的，永远不会是自我苛责，

而是勇于自救的你自己。

# “卷”还是“躺”？真是个好问题

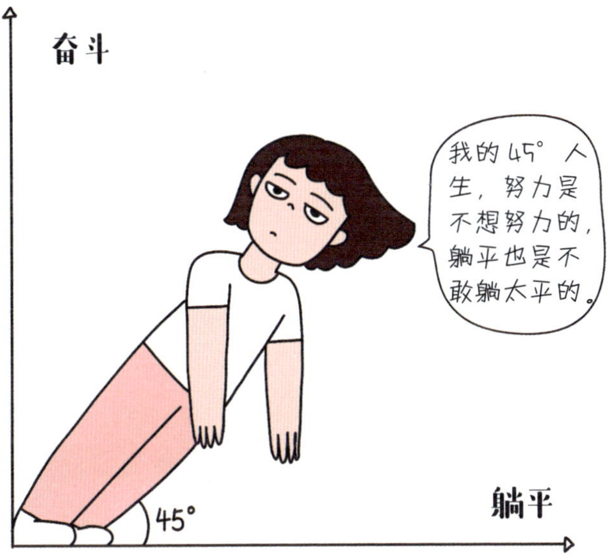


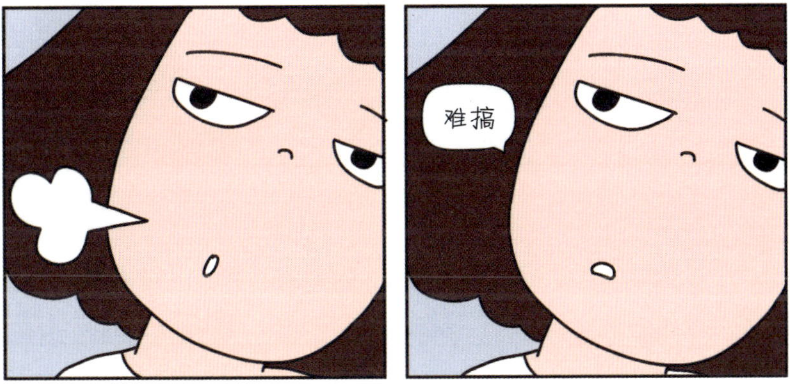


“卷”不动也“躺”不平，如何找到属于自己的人生节奏？

## • 请熟练掌握以下 9 个躺平的技术！

### 1 接纳倦怠感

“躺平”的第一要义是允许躺平。

很多时候人们停不下来，是因为跟随社会高速运转的焦虑不允许自己“躺平”。这时吐槽一句“好想躺平”，其实是对倦怠和压力的一种回应。

倦怠是每个人都可能有的情绪。做真实的自己，意味着也要接纳自己有筋疲力尽的一面。请放弃所有幻想，平静地接受自己并不是永动机的事实。

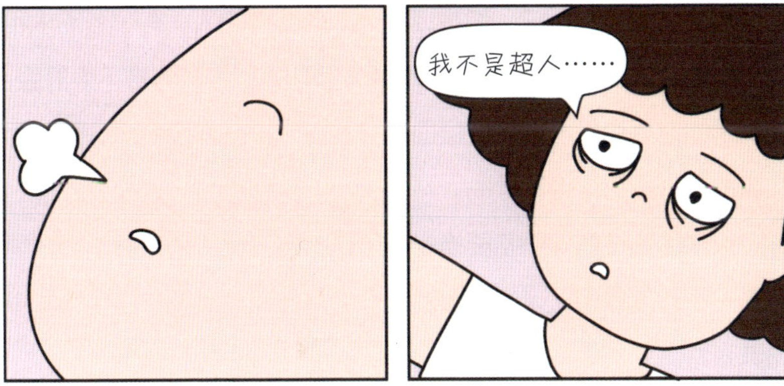


注意职业倦怠的信号（见第1篇漫画），允许自己随时撤退、充电，就像有另一个自己可以随时兜底——这样想的话，我们就可以对负面情绪更接纳，不被它们牵着走。

## 2 给焦虑一个拥抱

适度焦虑是一种有益的状态，我们可以试着给它一个拥抱。

焦虑情绪会告诉你，你想成为一个什么样的人，有哪些需求和渴望。心理学家罗洛·梅（Rollo May）认为，尽管焦虑不太舒服，但焦虑的背后也是一种现实层面的“我能”——你会焦虑，是因为你真的有可能把这件事做成。

也许你正在焦虑要不要换一份工作，自己做的项目会不会获得成功——适度焦虑，可能会激发人们的最佳职业表现，让生命本身充满张力。

## 3 觉察外在的社会期望，找到属于自己的节奏

社会心理学家伯尼斯·纽加滕（Bernice Neugarten）提出的“社会时钟”理论认为，社会文化期望人们在特定时间做特定的事。比如：三十而立、四十不惑；人们应该在某些适当的时间节点毕业、工作、结婚或取得某种社会地位。

我们都会内化社会期望，因为偏离社会时钟可能会导致焦虑、羞耻和被孤立感。但如果一个人过度遵循社会时钟，追求满足外在期待而忽略了自己的内在涌动，就可能变得不幸福。

找到属于自己的节奏，意味着对社会期望的重视不应凌驾于个人自主权和个人成就感之上。

当你在内卷和躺平之间犹豫不决时，问一问自己：我喜欢什么？什么是我真正渴望的？我可以如何做自己想做的工作，同时养活自己？

## 4 不要在头脑中构建一个“完美他人”

人们容易拥有一个常见且影响巨大的错觉：为什么一点小事就要将我击倒了？为什么其他人都不受影响？

哲学家韩炳哲（Byung-Chul Han）提出，“在功绩社会中，公司通过竞争性关系来实现对员工的管理”。不停地与别人作比较，意味着我们脑中永远存在一个“别人家的孩子”，这是一种表现于现代工作中的动物本能。

然而，社会比较会破坏幸福，请尽量避免过度关注他人成就或优势。

> 你所经历的倦怠、焦虑、抑郁等情绪，
> 在这个世界上有很多其他人也在经历。
> 你并不孤单。

## 5 不要沦为被动的存在，要主动观察自己

很多时候，我们在工作中会自动带入被评价的那一方，想象自己在别人眼中“看起来如何”。

哲学家威廉·詹姆斯（William James）认为，你必须成为周围事物的观察者，才能生存和茁壮成长。但你也必须观察自己，并被他人观察，才能有一致的自我概念和自我形象。

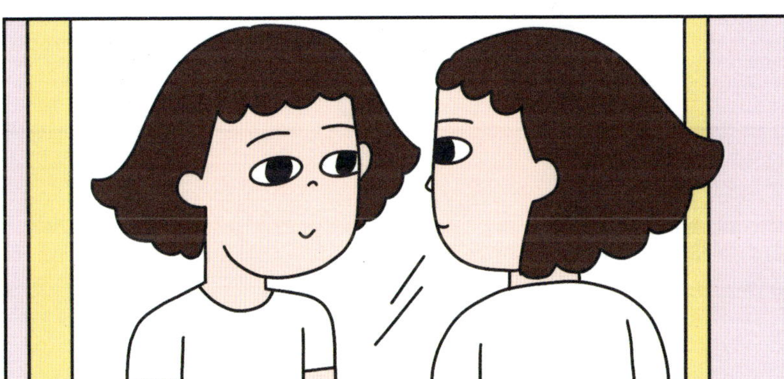

我们都会在意社会评价；但将自己作为主体去观察别人，也很重要。我们可以定期花点时间问问自己：我的价值观是什么？我重视人生中的哪些评价维度？今天发生了哪些事，提醒我不要成为那样的人？

## 6 选择性忽视一些不重要的东西

一个人的时间和精力是有限的。确定自己想要什么样的生活，意味着需要把意志力花在核心目标上，并选择性忽视其他干扰。行动起来，捍卫自己的边界，战略性放弃某些无意义的内卷行为。

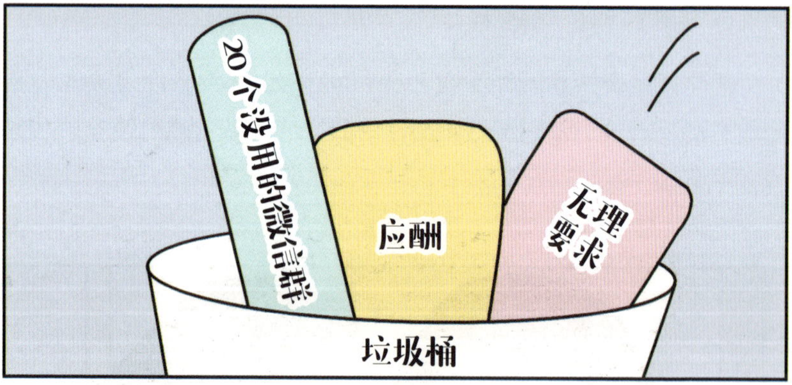


如果你正准备有意识地将“休息”列入重要待办事项，就需要学会在一些事情上不那么用力、不那么完美。

## 7 培养“内在稳态”和穿越不确定性的能力

哲学家汉娜·阿伦特（Hannah Arendt）认为，内卷的根本原因是：人们已无法承受不稳定生产关系（比如裁员）带来的焦虑。但完全躺平意味着彻底的不稳定，反而伴随更严重的焦虑，不一定能成为内卷的解决之道。

更可行的办法是，在不稳定的环境中找到一种内在稳态。

比如，关注自己的身体。好好吃饭、保证睡眠，坚持给自己留出一部分脱离工作的精神空间。哪怕是运动30分钟、跟宠物玩一会儿、读点闲书，或关机3小时——每天在同一时间坚持去做规律的小事，它们可以带来最基本的稳定感。

## 8 增加社会支持

和你愿意爱和信任的人、事物、团体保持联系。

这个对象可以是好朋友、小动物、值得信任的师长，甚至是某个你喜欢的作家、虚拟人物……愿意依赖别人、与别人结伴同行的人，可能会收获更有质量的人际关系。

同时，保持对“弱关系”的开放性。陌生人也许会与你结缘，也许会与你告别，甚至可能让你吃一点苦头，但不要放弃结交那些让你感觉良好的人。

如果你有一天被迫“卷”到想放弃，先列出三个你信任的名字，挨个跟他们聊聊。聊完再放弃，也是可以的。

## 9 创建主体性叙事，为自己担起责任

除了探索自己是谁，我们还要仔细感受，自己想成为一个什么样的人。如果只剩五年时间，你会给自己一份怎样的人生体验清单？十年后、二十年后的自己，会在哪座城市，做一份什么工作？你穿着什么样的衣服，有什么样的人际关系，是否结婚生子？

它会成为你的内在动力，让你在内卷和躺平之间找到自己的着力点。

## 心理锦囊

人生就像一场“卷腹运动”，

你需要根据自己的状态来制订训练计划。

有时躺一会儿，有时卷一下。

接纳所有的好状态与坏情绪，

坏消息是，我们所有人都终会死去。

好消息是，生命因有限而珍贵。

请将主体感牢牢掌握在自己手里。

# 我才不当“工具人”

怎么骂你两句就生气了？职业素养不太够哦！
听说你被“甩锅”了？看开点，员工就是会被领导这么用的。
卫生间
卫生
你上厕所时间太久了，注意下！
每天上班被当“工具人”，不被尊重，是我想太多吗？

# • 什么是职场中的“物化”?

工作场所中的“物化”（dehumanization）是一种普遍现象。指将员工视为机器而不是人，不关心和尊重他们，只是将他们作为实现目标的手段和工具对待，重视业绩结果，而忽视他们的感情、自主能力和心理健康。

职场中的物化主要有两种形式：

## 1 工具式物化：被当作机器，或随时可替代和丢弃的零件

## 2 动物式物化：被视为不成熟或不具备足够能力的对象

这样的物化可能是微妙的，比如傲慢、忽视、不尊重；也可能是明显而严重的，比如情感剥削、辱骂式管理，或安排高强度的工作且不允许休息。

某种程度上，这种物化在职场中被默认允许存在，目的是最大限度地提高生产效率、追求利润。

但大量研究发现，工作场合的物化会导致一系列有害后果。比如：增加人们的敌意和攻击性，引发欺凌，减少集体对个人的帮助，导致社会排斥和孤立。

在个人层面，物化会导致一个人情感麻木、认知僵化，缺乏有意义的思考，也可能使人对他人的痛苦和不公正待遇漠不关心。

## 职场中的物化常有以下表现：

### 1 视一个人的存在为工具性的

设置严苛的竞争机制，宣传狼性管理以合理化“超时工作”的现象。只重视员工的绩效产出，忽视正常的人性需要（比如休息、身心健康）。

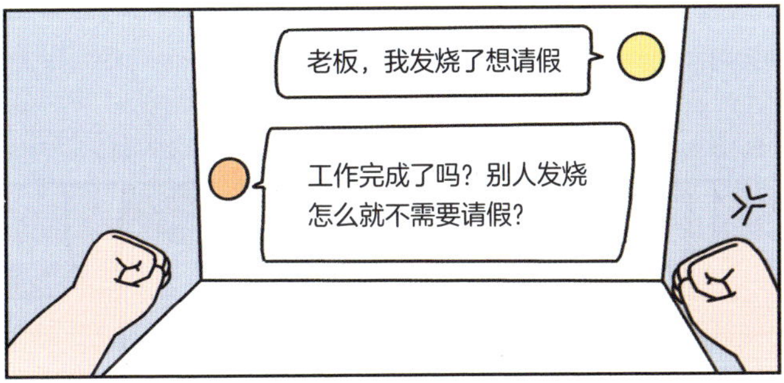


### 2 隐形的情感虐待

物化有时以被动攻击的方式出现。

比如：冷暴力一个不愿意支持自己观点的同事，故意忽视他，略过或打断他的发言；利用员工的情感投入进行过度索取；面对一个比自己优秀的下属，在团队合作中矮化他的贡献度或抹去其贡献。

## 3 明目张胆地辱虐一个人

物化也可能以极其公开的方式发生。

比如：给别人起辱虐式外号（光头/傻子）、开黄色玩笑，或是在公开场合透露同事的私事或病史，目的是欺凌和排斥。

## 4 将单一的评价尺度与个人价值高度绑定

认为员工只要在工作的某个评价维度上不达标，他就没有存在的必要，丧失了全部的价值。

## 5 贴标签

用以偏概全的思维和静止的眼光看待一个人，忽视他的完整性，也不关心他的个人意愿。先入为主地判断和评价对方，或做出冒犯他人尊严的攻击性行为。

## 6 身体和性别歧视

将员工的外表与其职业能力挂钩，进行人身攻击。

比如：无理由地将超重的员工排除在晋升名单之外；认为貌美的女性通过“不恰当手段”通过面试；没有分寸地评判他人该穿什么样的衣服、有什么样的身材，未经同意向他人提出如何改善外表的建议；或是公开发表歧视性言论，传播物化某个群体（如女性）的视频、音频等媒体内容。

## 7 自我物化

人们有时会进行自我物化。比如花很多时间思考“我在别人眼里看起来如何”，而很少向内觉察“我是一个怎样的人”；或是隔绝了自己的情绪，工作时感觉机械、麻木，“像一个冷冰冰的机器”。

## ● 如何对抗“物化”倾向？

### 1 对“物化”敏感

如果你是一名公司管理者或文化建设者，需要对物化发生的条件或环境保持敏感。

比如：公司的规则、权力结构和风气是否促进了物化？公司是否鼓励平等和直接的交流？公司是否禁止使用羞辱性的语言或做出歧视性的行为？当严重物化行为发生时，是否有专业人士可以接受员工反馈？

## 2 调整自我监控的程度

“自我监控”是一种人格特质。心理学家马克·斯奈德（Mark Snyder）认为，高自我监控的人会尤其关注自己的行为在环境中是否恰当，并依据环境线索来改变行为。

有研究者认为：

> 维持合适的自我监控程度，不仅需要“人际和谐”，也需要“自我和谐”。

如果你过度物化自己，就会活在他人的目光中，丢失自己的内心和谐。

## 3 多和同事聊聊天，增加人际接触

有两类心理学家公认的亲社会行为，可以减少人际物化。

一是增加群体间接触，也就是多和别人聊天。从天气、价值观、兴趣爱好到原生家庭——人们互相了解得越多、越深入，对他人的理解越具体，就越不容易彼此物化。

二是强化共同体身份。比如：多聊聊大家的相似性和共同命运，这样可以促进一种“我们是共同体”的感觉，也能强化彼此合作的感觉。

## 4 剥离外部评价标准，自主地看待自己

虽然职场提供了很重要的身份认同，但工作并不是你的全部。也许领导可以评价你的PPT做得如何，但无权由此推导出你作为一个人的道德品行如何。

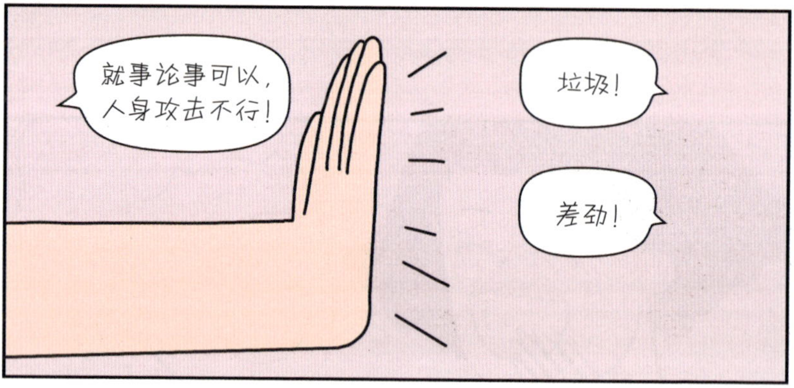


记得保持稳定而合理的自我认知，将外部评价尺度放在离“自己”远一点的位置。可以接纳失败，但不要将一次失败，等同于“自我的失败”。

## 5 改变认知：其实，同理心更有助于解决问题

“物化”会带来许多负面结果。现代心理学和神经科学研究表明，同理心（识别他人情绪的能力）和“心智化”（思考他人的心理状态的能力），更有助于解决问题。

物化别人或许可以带来优越感；但这不是聪明的做法，更无助于解决问题。

## 6 写日记，找到属于自己的“完整感”

写日记是一个向内探索的梳理过程，可以帮助我们在自己视角的叙述中找到稳定感、连续性和安全感。

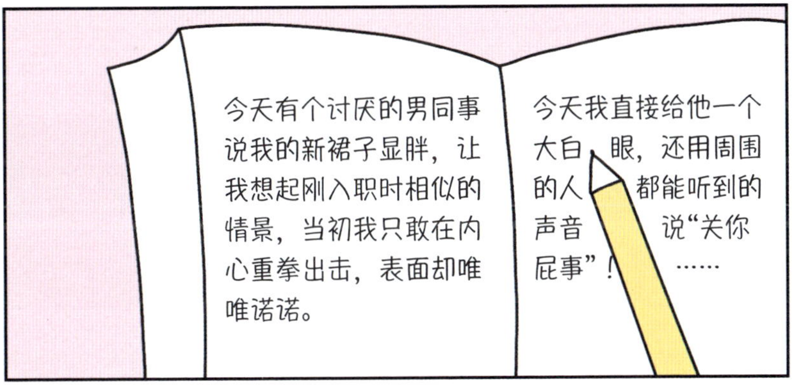

比如：我在不同年龄和场合下，分别是一个什么样的人？我的价值观如何？我更认同的核心身份是什么？未来十年我会在哪里，过一种怎样的生活？

## 心理锦囊

也许你所处的环境，

并不会停止物化一个人。

但一个人也是环境的一部分。

你是鲜活的、完整的、流动的。

请不要物化自己。

# 致时代的“空心病”患者

# • 什么是“空心病”？

“空心病”最初由心理学家徐凯文提出，用以描述一种普遍存在的现象：意义感缺失，感觉活着没有价值。

表面上人际关系良好，工作、学业顺利；实则情感空虚，对生活缺乏动力，也不知道为什么活着。

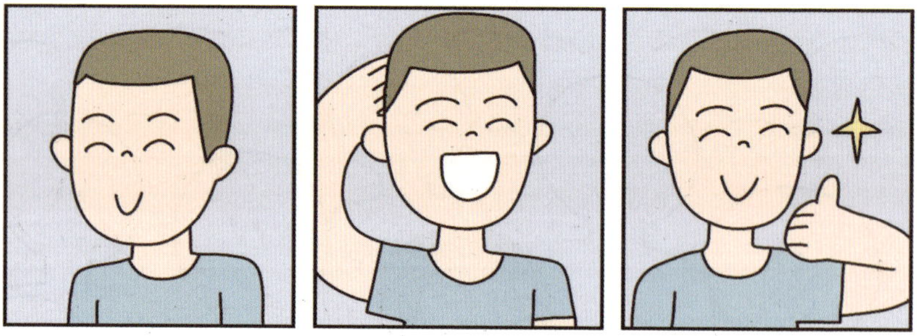

空心病并不是一种正式的临床诊断。从情绪低落、兴趣减退两大症状来看，它与抑郁症的描述有类似之处。

随着“空心病”一词被广泛使用，人们发现，它所描述的症状似乎也精准定义了一种“时代的存在主义危机”。

“空心病”主要表现为：

（1）强烈的孤独感，缺少与自我、他人和世界的连接；

（2）自我价值感缺失，无法判断自己是否有价值，也没有意愿或动力去创造价值；

（3）意义感缺失，迫切需要外界的认同、评价和赞美；

（4）情感疏离，感知不到自己的情感流动，缺乏察觉情绪的能力；

（5）无法找到活下去的动力，严重时产生自杀意愿或自杀行为。

## • 我们为什么“空心”？

### 1 长久戴着面具生活，感受不到“真实自体”

自体心理学认为，每个人在成长过程中都会形成一对“真实自体”与“虚假自体”。真实自体代表了真实、自发的自我表达，是最真诚和本真的感受。虚假自体则代表了顺从、压抑、忍耐，从外界得到命令，也从外界收获认可。

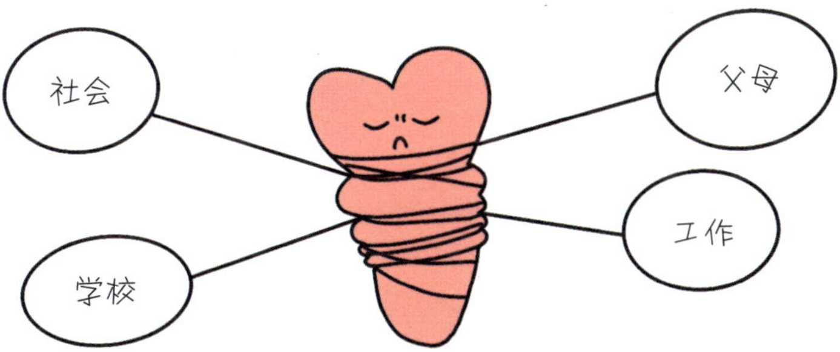


空心病患者往往是虚假自体过度发达的人。这可能是由于他们背负父母的强烈期待、承受学校和社会的竞争压力，以及失去自主掌控感太久了。

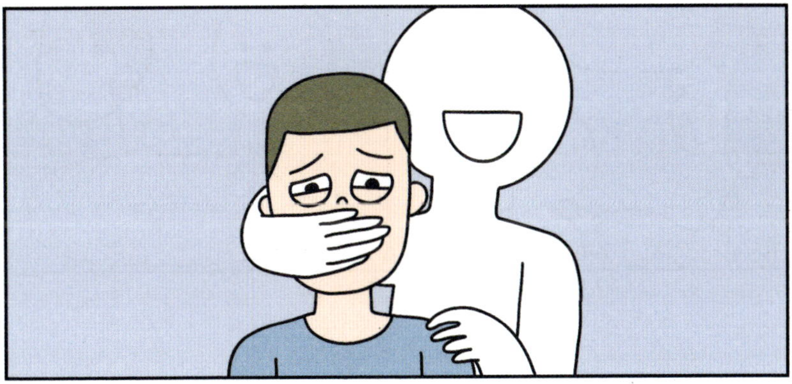

这让他们的虚假自体变成一个“懂事”的孩子。他们懂得观察他人的反应，懂得满足他人的期待。但他们无法得到自己的认同，也无法与外界建立有意义的关系。

在压抑之下，真实自体始终得不到表达。以至于当我们独立自处时，会发现自己已经失去了做出决定、自我感知和为自己负责的能力，要么继续按部就班地过一种让自己无感的生活，要么在自由中迷失方向。

## 2 优绩主义和功利化的价值观，成为决定一切的坐标轴

在竞争激烈的社会系统中，任何有意义的活动都倾向与功利化的价值观念挂钩。

成功的理想模板是单一的：名校、有钱、有地位……优绩主义和功利化的价值观取代了多元的意义场，成为最主要的，甚至是唯一的坐标轴。

当个人的价值体系无足轻重，也不被看到时，“空心病人”就批量产生了。

## 3 原子化的社会使人们变得孤独

孤独感已经成为这个时代的重要问题。一方面，我们可以通过互联网和各种娱乐产品得到想要的信息、刺激和享乐。在算法划出的安全空间中，人与人之间关系的真实性、不可替代性和深刻性也被消解了。

另一方面，人与人之间发展出更多互相利用、互相满足的使用关系。比如“社交搭子”“情绪价值提供者”——我们在关系中愈发保守和谨慎，习惯于小心地维持着一种令双方都感到舒适的社交距离。在现实的人际交往中，快乐、舒适和没有冲突成了首要的目标。

当人与人之间的关系更具功能性而缺少艺术性，我们就得不到关系的滋养，也无法真正去做自己了。

## 4 对“应该”的追求，超过了对意义的追求

一个人应该是什么样，应该考第几名，应该选择什么样的工作，应该在多少岁结婚……这些“应该”形成了一张大网，将人紧紧束缚起来，“做自己”的意愿被消磨殆尽。

对一个人来说，如果工作只是空洞的劳动、婚姻只是走过场的安排、社会只是一台巨大的情绪生产机器，他既无法创造任何有价值的事物，也无法创造有意义的关系，那么世界、社会、自我就只是一个空壳，自然也没有任何意义可言了。

## ● 如何缓解空心病和无意义感？

空心病或一切和空心病类似的“症状”无法被准确归类为某一种疾病或者心理障碍，它们更像是一种时代症候群。

心理学也是有限范畴的学科，没有能让人瞬间好转的答案。一些方法能够缓解问题，但它们需要付出时间、付出精力，需要亲身实践。

## 1 有意识地生活

保持认识、保持觉察，有意识地对日常生活进行感知和思考，这有助于你发现和倾听属于自己的声音。

不过，也请做好准备：你可能听不见内心的任何声音，也可能听见让自己不适的声音。

> 和自我的交流不总是愉快的，
> 但它是建构和塑造信念与价值观的实践。

## 2 寻求真实的人际关系

放下手机，放下屏幕，去和真实的人交流，去看着他们的眼睛，观察他们的表情。

一段真实的关系意味着双方都能进行发自内心的表达，它可能是平等的，可能是粗糙的，它存在的意义不仅仅是在某个时刻提供情绪价值或者正能量，还会帮助你更好地认识自己，成为更好的人。

## 3 从事创造性的心流活动

心流（flow）的概念，由心理学家米哈里·契克森米哈赖（Mihaly Csikszentmihalyi）提出，指一种高度专注和投入，以至于“忘我”的心智振奋状态。你沉浸于当前的任务，感到专注和胜任，因此忽视了时间的流逝。

心流不一定与高产出和高成就挂钩。它的本质是一种与幸福相关的体验。

要产生心流，通常意味着：你找到了真正热爱的事情，比起做这件事能给你带来什么，你感到做这件事本身就很享受。你有明确的目标，即使有外在干扰也愿意克服；同时，目标的难度也与你的能力相匹配，你可以获得正反馈和创造的愉悦。

想一想，你有过这种体验吗？不论是去做木雕、泥塑，去用纸和笔写下些什么，画画，或是接触自然、跑马拉松……哪些事曾使你快乐到忘我？

## 4 必要时寻求专业帮助

如果这种无意义感已经严重影响到你的生活，让你感到十分痛苦、压抑，或使你产生了自伤、自杀的念头，请务必寻求专业援助。

## 心理锦囊

存在主义心理学的经典教诲告诉我们：

人生本无固有的意义。

意义和价值，都是人们后天赋予的。

去构建属于自己的意义感和价值观吧！

在“意义”被找到之前，你首先需要向自我敞开。

# 为什么有人那么蠢还那么自信？

# • 什么是达克效应？

“达克效应”是1999年由美国心理学家大卫·邓宁（David Dunning）和贾斯廷·克鲁格（Justin Kruger）首次提出的。指的是：某些人在某些领域的知识和能力较为薄弱时，常常无法意识到自己的不足，甚至认为自己非常擅长这件事，倾向于高估自己。

而那些能力较强的人，由于能够认识到自己的不足，反而会做出更为谦虚和谨慎的自我评价，倾向于低估自己。

达克效应会对日常决策、工作表现和人际关系产生负面影响。

比如，它会使人们更难看到其他人身上的能力，低估问题的难度，忽视或贬低他人付出的努力，最终变得“爹味”十足、令人讨厌。

该研究的灵感源自一个不可思议的故事：

从某种角度来说，小偷的思维是“合理”的。虽然达克效应所带来的“愚蠢的自信”会让人们做出一些看起来难以理解的决定，但他们往往自认为做出的推理和决策是缜密且合乎逻辑的。

# • 达克效应为何普遍存在？

从古至今，“认识你自己”都是人们面临的最棘手的问题之一。有一些在智力、语言能力和幽默感等领域表现不佳的人，会自信地认为自己比别人更聪明、更有才华、更好笑，认为自己的能力要比实际情况强得多。

这种不恰当的自信源于缺少“元认知能力”，也就是“知道自己知道多少”的能力——即使他们想要准确认识自己，也无从下手。

另一部分原因在于社会文化因素。“自信”在当下被认为是一种非常宝贵的品质。一个敢于表现得自信的人，很少遭到外界的直接挑战和否定。因此，人们会更加确信自己的能力，对自己产生过高的期望和错误的认知。

## ● 如何觉察自己身上的达克效应？

达克效应本质上反映了一种认知偏见：

> 我不知道自己不知道。

与其说达克效应反映了某种性格缺陷，不如说：它代表了自我评价的困难。

为了更好地认识自己，我们可以做的是：

## 1 关注客观而多样化的指标

客观绩效是最直接的事实，比如：投资决策是否盈利、文章数据是否达到预期。如果能实现成熟的数据分析，则能更快速地纠正达克效应。

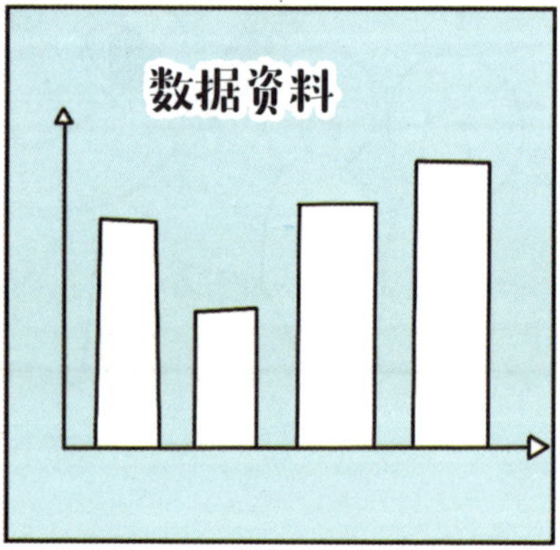


它既能让人在失败面前正视自己此前的“迷之自信”，也可以适当纠正冒名顶替综合征——某些很有能力的人，也常常认为自己的成功名不副实，只是因为好运。

## 2 不要仅仅依赖“我觉得”，多问问其他人的感觉

大多数情况下，我们并不具备准确评价自我所需要的所有资料和学识，能得到的信息也并不完全可靠。为了克服达克效应，我们必须倾听并重视外界的反馈，主动从多样的信息源中获得具体的意见。

有时你会发现，别人的评价，可能和你的自我评价出入很大。

## 3 不断学习，让自己的能力水平配得上自信水平

随着了解的深入，你也会更容易认识到自己的边界和不足。达克效应正是因为缺少这种认识而产生的。

## 4 保持谦逊和好奇

当你想要谈论某些自己并不完全了解（或者你自认为非常了解）的话题时，保持谦虚，耐心倾听，有时候沉默比言语更有智慧。你也可以主动向他人请教，怀着好奇的心，追问一些你感兴趣却知之甚少的细节。

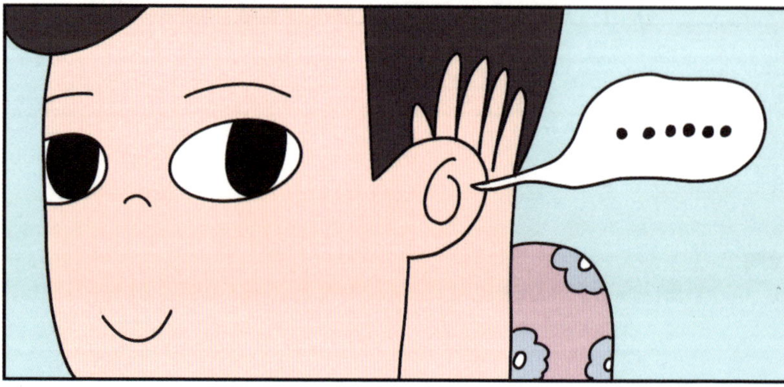


### 心理锦囊

认识自己是个永恒的难题，

但它绝对值得去做。

# 心理有弹性，才是真正的强者心态

人们以为强者心态=不畏挫折，但心理学所定义的“健康心态”，其实是一种“心理有弹性”的状态。

## • 心理弹性就像一只溜溜球，飞出去以后又可以弹回来

心理弹性，本质上是一种帮助人们应对逆境、更好地适应生活的能力。

我们在生活中总要经历各种磕绊，在这种变化中通过心理、情感和行为上的灵活变通和调整来应对内外部需求，应对创伤和逆境，从而保持相对平稳的能力就是心理弹性。

心理弹性由两部分组成：

### 1 面对负面事件，能保护自己

当负面事件发生时，大脑杏仁核会迅速在压力作用下做出“战”“逃”或“僵”的反应，此时恐惧、挫败、悲伤等负面情绪会在大脑里飞驰，让人误以为这些情绪就是全部的体验。

但心理弹性强的人不会被情绪淹没，完全忽略自我的调节能力，而是尝试从被动反应转变为主动回应。

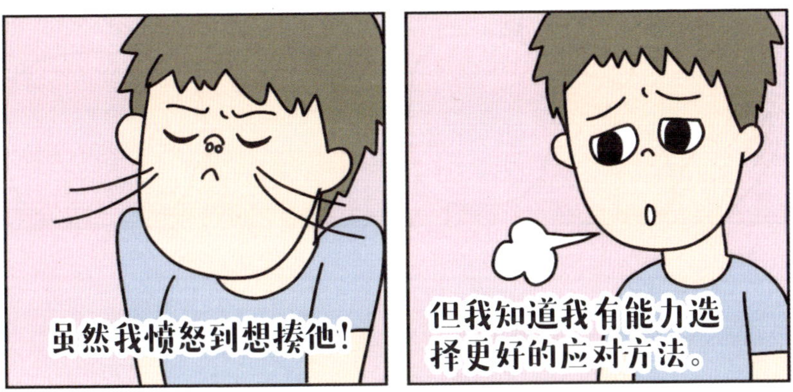


他们不是没心没肺，不是刀枪不入，也不是假装自己毫无感觉。恰恰相反，心理弹性强的人往往有着更细腻的情感体验。他们也会崩溃，但他们仍然尝试接纳这些情绪，自我同情，充满希望地解决问题。

## 2 在经历创伤后积极适应和恢复，避免受到长期负面影响

心理弹性强的人能更好地应对创伤事件，这部分人更少遭遇抑郁和创伤后应激障碍（PTSD）的症状。

研究发现，高心理弹性可以让人们从创伤中“超量恢复”，即在经历巨大压力后，反而能力得到提升，甚至在工作和学业中表现得更好，提升了自尊、自信和自主性。

心理弹性的意义在于，
它拒绝让创伤和本能决定我们的想法和行为，
将定义自我、改变自我的权力握在自己手中。

它也会将创伤事件编码成一个个更有意义的叙事，让这些经验转化为成长和改变。

## • 如何培养心理弹性？

好消息是，心理弹性既是一种心理特质，也是一种可培养的能力。每个人都可以通过自我认识、自我成长和建立支持性关系来强化自己的心理弹性。

如果你想培养心理弹性，这里是一些小建议：

### 1 充分认识自己、肯定自己

你可以通过正念、瑜伽、写日记等活动来加深对自我的探索，这些探索会让你发现自己的脆弱，也会让你明白自己的能力和价值。

自信、自尊和良好的自我认识是心理弹性的基础，这些特质有助于面对和解决问题，帮助你做出适应性反应。

## 2 照顾好自己的身体

规律地吃饭、补充营养、保证睡眠。身体的良好状态，总是能帮助你适应压力或从负面情绪中更快恢复。

## 3 珍视人际联结，哪怕很“小”

在低谷时期，请接受关心你的人提供的帮助和情感支持。来自外界的支持性关系（包括亲人、朋友、社区团体等）能为心理弹性提供保护，这些联结让人意识到自己在困难的时刻并不孤独。

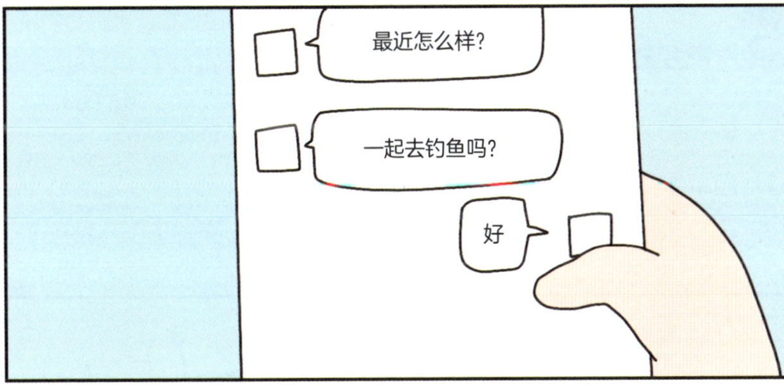


如果你经历了较大的意外事件或自然灾害，也可以加入一个心理支持共同体，团结起来、互相倾诉，这有助于增强心理弹性。

## 4 有意识地培养“自我胜任感”

设定一些小的、可实现的目标，比如跳绳100个、写篇日记、一日三餐好好吃……每一个小小的成就，都意味着你朝着那个理想自我前进了一步。

## 5 看看自己可以帮别人做点什么

给予他人帮助能让人获得使命感、归属感、情感联结，也可以提升自尊水平。

## 6 以另一种积极的方式，重写自己的历史

将外部的失败与自我价值感分开看待。从过去总结经验，让失败成为力量的来源，而不要全面否定自己。

比如，尝试这样描述一件你曾经感到很受挫的事：

- 在这件事里，我在 ________________________ 方面做得很好；
- 过去我遇到相同情境时，我的应对资源有 __________________，
__________________________________ 给我提供了很多帮助；
- 通过这件事我得到了 ________________________________；
- 它对我的启发是 ________________________________________。

## 心理锦囊

"杀不死你的只会让你更强大。"

这句话并不完全正确。

创伤和逆境永远不会自动变成某种馈赠，

但我们可以把它们变成有意义的事情。

真正让我们变强大的，

是充满"弹性"的心态。

# 渴望退休的年轻人，在期待什么？

# • 当年轻人说渴望退休时，他们在说什么？

## 1 生活压力过大，对没有退路、无处逃离的控诉

当年轻人加入“996式”高强度竞争、被困在绩效系统中时，他们既对生活感到倦怠，又唯恐无法在同辈竞争中胜出，经常会感受到被抛下的恐惧。

但退休生活看起来惬意多了。父母辈奋斗和节俭了一辈子，虽然老了但钱包鼓鼓的，想干吗就干吗。再也没有领导需要提供情绪价值，也不必再替烦人的下属背锅了。

## 2 想自由发展兴趣爱好，做真正热爱的事

丧失了闲暇时间的人们，平日的时间被工作琐事占据，精神萎靡、内心空虚、身体“脆皮”，下班躺在床上刷手机，周末报复性熬夜。就算想发展什么兴趣爱好，也很少有精力或整块时间去做。

与此同时，退休后老人的业余生活却可以很丰富。跳广场舞、养花、听曲儿、打牌、下棋、遛公园。天冷了在家猫冬，天热了去休养地避暑。

## 3 想有一点休息时间

“难受，想哭”是打工人的日常，只能偶尔在厕所隔间享受一把带薪正念的奢侈。但退休后的生活似乎充满无限自由：每天都是星期天，日常睡到自然醒，再也没有考勤管理，也无须再有工作日的概念。

## 4 充分地享受运动、锻炼身体

你可能有过这样的体验：在各大旅游景点，随处可见生机勃勃的老年人和死气沉沉的年轻人。每个爬山时被爸妈远远落在身后的子女，都曾经历这样气喘吁吁的至暗时刻：爸妈，你们真的60多了？

退休后，也许就有大把的时间，活动一下“脆皮”的身体了！

## 5 想对生活有自主权，不做被支配的螺丝钉

梦想退休的年轻人渴望一种“去工具化”的状态。他们盼望着，偶尔也能理直气壮地做一个没用的人，成为一个脱离工具属性的存在。

# • 渴望退休的年轻人该如何自处？

## 1 好好关照自己的内心状态

退休生活并不完全是美好的。老年人也要面临健康状况下降、亲朋好友去世、人际支持网萎缩等问题。比如，有研究发现，长时间看电视的老年人其实并不幸福；只有作为忙碌生活的短暂插曲时，看电视才能起到放松的作用。

非黑即白地看待一件事，往往是一种防御。我们将退休理想化，而贬低自己目前拥有的生活，是因为需要使用防御来抵抗内心的痛苦和冲突。

所以，如果你感到过于羡慕退休的人，不妨将关注点转向内在：是不是这种感觉在提示我，应该暂停一下，好好关照内心状态了？

## 2 见缝插针地让自己“退休”

心理学家劳拉·卡斯滕森（Laura Carstensen）在社会情绪选择理论中提到，年轻人的生活是“未来导向”的，他们对生存时间的知觉充足，所以做决策时倾向于关注长远利益。

进入老年后，生活就往“当下导向”转变了。因为老年人对生存时间的知觉更有限，所以他们更关注当下的情绪体验，也更注重人际联结的意义感。

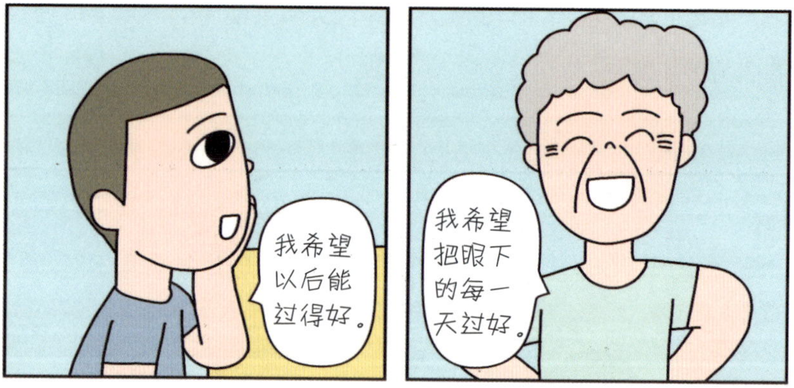


要缓解年轻人的焦虑，可以提前在生活中加入一点“老年视角”，有意识地在未来导向和当下导向中取得平衡。

比如，每周让自己“退休”一天。正念、与朋友相处，或是发展一项远离工作的兴趣活动。如果不可以一下子退休，那就见缝插针地小步迈向退休！

## 3 你也可以真正行动起来，提前规划退休

不知道你是否听说过FIRE运动？FIRE（Financial Independence, Retire Early）的意思是：财务独立，提早退休。这一运动的核心理念是：以降低物欲、开源节流的方式，迅速攒够退休资金，提前退休。2010年左右，FIRE的理念在互联网上获得广泛呼应，年轻的追随者们希望通过一系列实际规划，尽量在三四十岁实现退休。

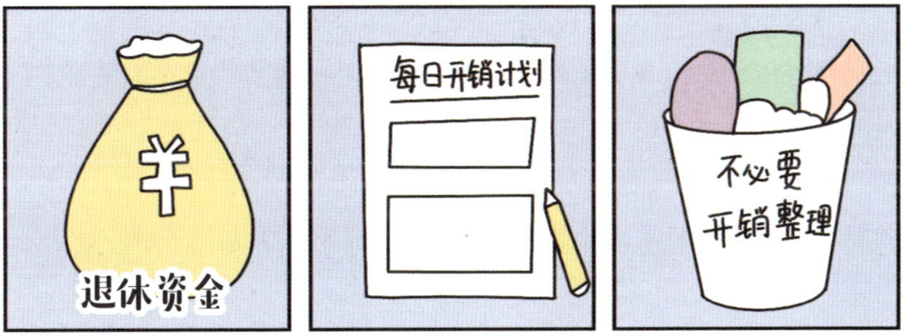

这个建议偏向现实行动。因为提前退休是可能的，你的人生并不存在某种单一的命中注定：做重复无聊的工作，直到精疲力尽、价值中空。哪怕是开启一项副业，发展一个有潜在盈利可能的爱好，或是跟目前的直属领导商量调整令人疲惫的工作内容——希望你可以跳出既定框架，相信自己有灵活选择、局部调整的选择权。

## 心理锦囊

年轻人所向往的“退休”是一个具有象征意味的心理符号。

表面上他们觉得当下的生活一无是处，退休后的日子无比美好。

实际上他们是在说：我累了、倦了、困了，我感到生活太难熬了，

但仍然相信未来会更好。看，这是年轻人积极的一面。

# 中年危机自救指南

中年，真的意味着人生要走下坡路了吗？

## • 什么是中年危机？

“中年危机”是10%～20%的人会遭遇的心理感受。它的字面意思是：人到中年时所经历的一系列特定的情感冲击。比如：对衰老的担忧、对过往选择的遗憾、对人生意义的质疑。

1965年，加拿大精神病学家埃里奥特·杰奎斯（Elliott Jaques）首次提出了这个术语。研究者观察到，由于集中经历了一系列的丧失体验（如亲人去世、失业、更年期和工作表现下滑），部分中年人突然改变了自己的生活方式和价值观，表现出各种不同寻常的行为。

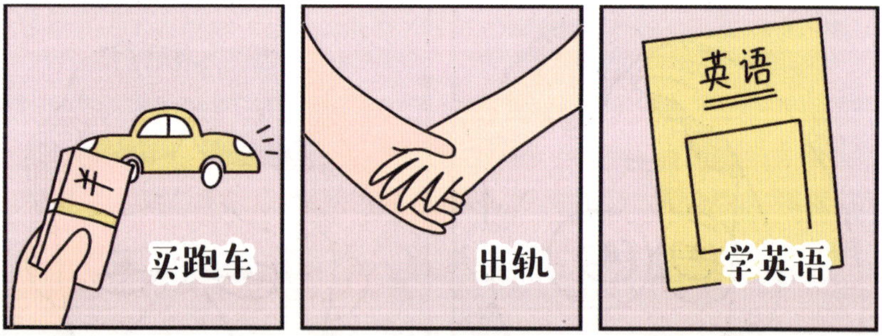


虽然人们普遍认为中年是指40～60岁，但年龄界限是次要的。中年危机并不发生于某个特定年龄段，而指代一种心理上的结构性崩溃体验。

中年危机可能表现为：

（1）觉得生活空虚，没有意义和目的；

（2）在一些重要时间节点感到悲伤、痛苦，或有强烈的不真实感；

（3）难以忍受目前的生活，觉得不满足，与自己“应该”得到的不相称；

（4）冲动行为；

（5）过度怀旧，思考过去且反复提及遗憾之处；

（6）强烈的情绪波动（比如抑郁、焦虑、愤怒、烦躁）。

许多大型研究表明，中年人的生活满意度处于低谷。中年时期，抑郁、焦虑和严重心理困扰的发生率很高。

虽然人们热衷于在中年危机的问题上玩梗和自嘲，但将中年危机定义为人人都会经历的阶段是一类错误观念。这可能导致我们忽略了中年危机的负面影响。

## • 中年危机的感受

心理学家詹姆斯·霍利斯（James Hollis）认为，中年危机的核心体验是一系列假设的崩溃。它一般有3种核心感受：期望落空、背叛感、空虚且意义丧失。

## 1 “跌进现实”的感觉

中年危机是一种“既定幻想”的崩溃。人们体会到自己作为一个人的局限和力不从心；发现自己的人生轨迹，不一定遵从曾经年少幻想中的“应该”。

自己的生活似乎一地鸡毛：身体变差了，人变丑了，工作日复一日地无聊和重复。家人是自己重要的情感支柱，但也变成了日益沉重的养育和照顾负担。

## 2 内心空虚、缺乏动力的感觉

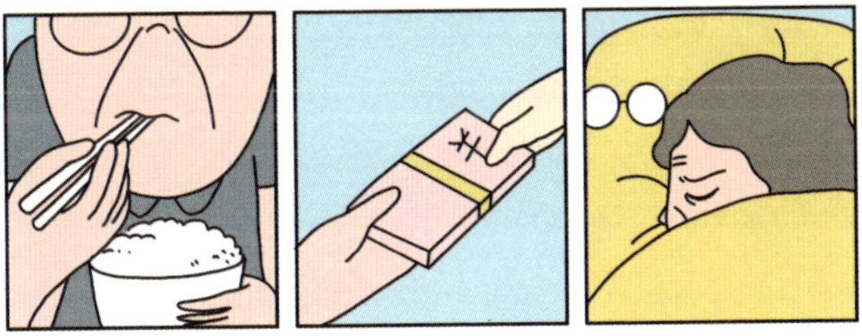

吃饭、赚钱、睡觉……重复“做功”且无法停止“做功”。就像一台丧失了动力，却不能停止做功的永动机。但处在中年危机中的人也害怕清闲。因为一旦清闲下来，就要与内心的空虚博弈，就要对人生意义进行自我质疑。

## 3 遭遇了生活“诈骗”的感觉

他们在前半生迎合社会的理想标准而成长，学着老练的成年人扮演着“成熟”的样子，甚至放弃自己所热爱的冒险之途而选择一条公认“正确”的道路。虽然他们取得了世俗意义上的成功，却发现这并没有给自己带来幸福。

# • 为什么会发生中年危机?

## 1 中年，本就是一个有独特挑战的心理发展阶段

在中年，人们投入时间和精力培养下一代，或是关注值得毕生追求的事业。它要求人们更多地围绕自我的需求，对生活进行结构化调整。

比如：保护自己有限的精力，适当放弃短期获利却违背自己价值观的项目，以及更多关注什么会使自己和家人幸福，哪些关系值得维护，哪些事情和目标值得追求，哪些需要放弃。

如果无视这些需要，或无力适应这些需要，我们可能就不得不迎接“危机感”的到来。

## 2 人生角色超负荷

中年人可能面临着同时平衡多种角色的超负荷任务。

比如：职业发展进入瓶颈期，身体素质下滑，伴随孩子长大（不需要自己照顾）、劳动力市场波动（裁员、降薪、年轻人成了自己的领导）而产生的身份丧失或冲突感；有些中年人需要同时照看年幼的孩子和年迈的父母，这涉及与兄弟姐妹和伴侣分担责任的过程，也可能导致关系紧张。

人生角色难以平衡，可能导致一些中年人不得不牺牲自己的需求，忽视自我照顾，也无暇顾及自己的幸福感。

## 3 “做自己”的强烈需要

中年人常常面临丧失感，比如：一直以来视作偶像的运动员宣布退役，听闻并肩奋斗的同事突然得了重病，孩子上大学后不再依赖自己，或是在工作了二十余年的公司里被边缘化。

丧失的体验，可能会逼迫人们直面人生的意义，让人们放下外在标准，思考我究竟是谁、我热爱什么、我的价值在哪里。

虽然中年危机是痛苦的，但痛苦的感受也是重要的人生指引——也许中年危机，也是在提醒你“该做自己”了。

# • 如何度过中年危机？

## 1 围绕核心需求，重新建构生活

人到中年，常常会产生“没有多少时间可以浪费”的感觉。它会促使人们行动起来，确认自己究竟想成为什么样的人，克服不切实际的幻想，审视有限的选择，并接受有些事情不会发生。

一旦确认了自己的核心需求，你就走上了更真实，也更自我负责的道路。

## 2 多与身边的人交流、分享日常

有研究显示，多和子女、父母、朋友或值得信任的师长、同辈交流，将极大提升中年人的日常幸福感，有利于对抗这一人生阶段容易出现的社交支持网萎缩。

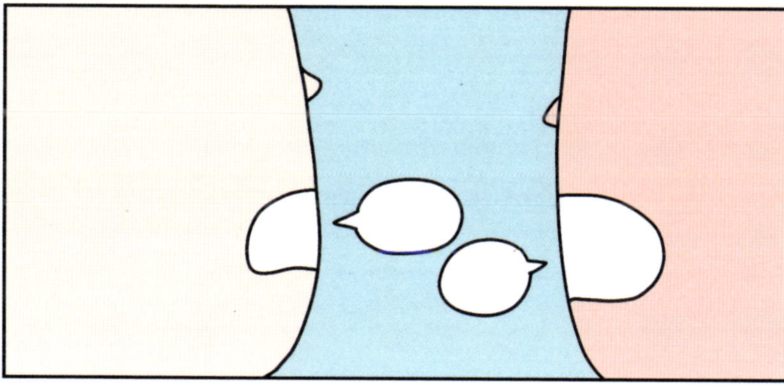

## 3 与熟悉的东西做对抗

脱离舒适区，主动做一些本不擅长的事。如果终日久坐，可以发展一个体力型爱好；如果缺乏亲密的能力，可以养一只小猫，或多陪孩子玩耍；如果过度思虑，就要努力多多创造需要全心投入的线下体验（比如聊天、跳舞、正念）。

人类在社会化的过程中，会面临一些功能的发展和受损。比如：成熟的一面被放大，孩子气的一面被压抑；理智型思维被放大，发展亲密的情感能力被压抑。

中年危机的一个好处是，它提示我们找回自己的完整性。在成长过程中，寻回丢失的那一面。

## 4 更关注运动、饮食和心理健康

中年人的恢复力建立在良好的饮食、运动和心理健康的改善之上。

这不仅仅是为了更好地老去，对自我照顾的关注还可以提升中年期的幸福感，增强中年人的认知能力和对生活的掌控力。

所以，中年危机也是一个提醒人们自我照顾的信号。一些中年人跑马拉松看起来是自找苦吃，其实是一种自救。勇于自救的朋友，我们会为你加油。

## 5 活出未曾实现的人生

度过中年危机的一个建议是：活出自己，对自己诚实。

要做到这一点，可以问自己几个问题：

- 过去20年里，你最遗憾的一件事是什么？
- 在看见谁在做什么的时候，你感到羡慕和嫉妒？
- 如果你有孩子，你是否对孩子“未来成为一个什么样的人”存在理想化期待？——请注意，这个理想很可能是你对自己的期待。

这些问题的答案里，可能有你未实现的人生，暗示着你内心那些被压抑的、未实现的潜能。

### 心理锦囊

心理学家荣格说，中年是“生命的下午”。

如果你的前半生都在扮演别人，

后半生就要经历一场猛烈的、名为“做自己”的战斗。

中年危机并不一定是坏事。

察觉它，跟随它，你会被自己内在的涌动所拯救。

# 如何好好休息一下？

当你运动完浑身酸痛的时候，健身专业人士会建议你去拉伸、按摩，而不是在床上躺一天，因为这不是主动恢复。

在心理层面也是如此。休息并不是只能在家刷一天手机、在聚会中把自己灌醉、为一部让自己觉得上瘾的短剧熬夜，或者什么事都不做。

> 休息是一种主动的恢复，是让新的体验、想法、感受以及积极的情绪对心理状态进行更新。

要做到这一点，你需要：

## 1 信任自己的身体和感受

当我们倾听自己身体和心灵的信号，并积极做出回应，而不是压抑、对抗时，就会与自我建立信任，休息是一种对自我需求的回应。

休息本身并不一定让人舒适。它可能伴随着自我责备，或让人接触到自己不想触碰的冲突、矛盾或痛苦，这让我们持续地向外寻求刺激，努力分散注意力，这种回避使我们无法真正得到休息。

从这个角度来说，休息意味着与自我和解，学会舒适地和自己相处，当我们直面自我时，肉体和精神才能得到休息。

你可以尝试瑜伽、冥想或简单的呼吸练习，来有意识地觉察自己何时需要休息。

## 2 学习微小的暂停

不要坚持到自己精疲力竭才去休息。休息在某种程度上类似于喝水，感到口渴时，身体可能已经缺水了。

休息也并不像想象中一样需要大量的时间。让自己的身体放松、精神舒缓没有那么困难，但这需要练习，有时候在忙碌的一天中穿插微小的“暂停”就能发挥很大的作用。

## 3 尝试那些主动恢复活力的方法

每个人都有自己恢复活力的方法。就像内向者通过独处充电，外向者通过社交充电。在关于“如何休息使你感到放松”的问卷中，每个人都有独特的答案，有些甚至完全相反，比如：睡觉vs.运动，享受智力游戏vs.放空大脑做一些体力活。

一份使大多数人感到放松的清单供你参考：

看一小会儿电视节目
洗个热水澡
接触自然，在树林中散步
阅读
运动（跑步、打球、下棋……）
换上全新的床单被套，或者清洁、打扫房间，改变环境

## 4 尝试使用“视觉意象”来放松

在休息时想象一个令你感到放松的场景。

画面越详细、越使你感到好像身临其境越好。

## 5 可能的话，让自己彻底“离线”一阵子

将脑海里有关工作、计划、社交媒体的部分全都放下，好好睡一觉。这意味着从某个时间开始，不再对任何人或事负责，哪怕只有几个小时。

睡眠过程中，真正的恢复发生在深度睡眠和快速眼动睡眠阶段，如果这些阶段受到影响，你可能并不会一觉醒来后觉得神清气爽。带着压力、焦虑和担忧上床，无法让大脑进入深度休息的状态。

除了“睡眠”离线，你也可以尝试在出差的飞机上离线，在公司厕所的隔间离线——总之，积极地给自己构建一个隔绝外界刺激的空间，只关注自己。

## 6 降低对休息的完美期待

你期待自己在经历了一段时间的休息（睡上一觉或者度假）后会焕然一新、充满精力、创意无限，但现实是你可能在睡眠中做了一个噩梦，或者在度假中遇到了黑心商人。

> 生活中总会有不符合期待的地方，
> 关注这些不足只会让人更加疲惫。

休息的过程并不总是让人满意，降低对休息的完美期待，可以帮助你留意到更多能使你放松下来的部分。

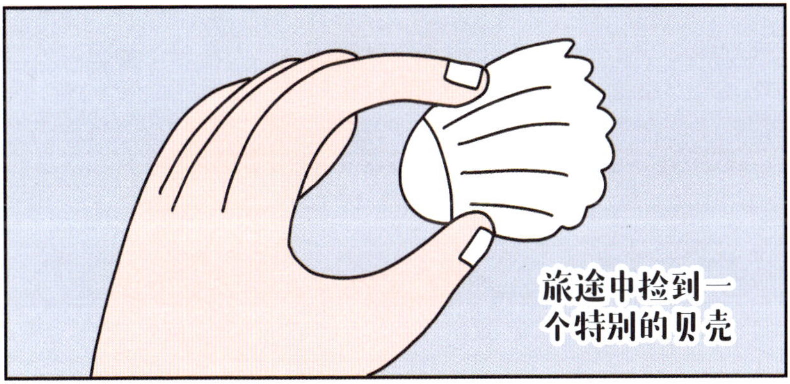

## 7 改变对休息的看法

在一个崇尚效率、追求完美、鼓励人们做得更多的社会，当你的唯一目标是“提高生产力”时，休息就会变得困难。休息不等于懒惰，减少休息时间也不等于提升效率。不要为休息感到愧疚，休息并不是因为能让人更好地工作才有价值，休息本身就有价值。

如果时刻惦记着“我还有这些地方做得不够好”“我还没有达到标准或上限”，休息就可能是不舒服的。我们其实不必通过努力工作才能“挣得”休息。

改变对休息的看法，就是改变对生活的看法。

## 心理锦囊

完全由目标、劳作、奋斗、忙碌建构出的生活，

是一辆高速行驶并不断加速的列车，

总有一天会因为无法承受自己的速度而失去控制。

这就是我们为什么要学会关注自我，

暂时脱离工作和学习，

放慢脚步，适时休整。

理直气壮地好好休息一下吧！